PRÉFACE

La collection de guides de conversation "Tout ira bien!", publié par T&P Books, est conçue pour les gens qui voyagent par affaire ou par plaisir. Les guides de conversations contiennent le plus important - l'essentiel pour la communication de base. Il s'agit d'une série indispensable de phrases pour survivre à l'étranger.

Ce guide de conversation vous aidera dans la plupart des cas où vous devez demander quelque chose, trouver une direction, découvrir le prix d'un souvenir, etc. Il peut aussi résoudre des situations de communication difficile lorsque la gesticulation n'aide pas.

Ce livre contient beaucoup de phrases qui ont été groupées par thèmes. Vous trouverez aussi un mini dictionnaire avec des mots utiles - les nombres, le temps, le calendrier, les couleurs...

Emmenez avec vous un guide de conversation "Tout ira bien!" sur la route et vous aurez un compagnon de voyage irremplaçable qui vous aidera à vous sortir de toutes les situations et vous enseignera à ne pas avoir peur de parler aux étrangers.

TABLE DES MATIÈRES

T&P Books Publishing

Collection de guides de conversation
"Tout ira bien!"

T&P Books Publishing

GUIDE DE CONVERSATION

— CHINOIS —

Par Andrey Taranov

LES PHRASES LES PLUS UTILES

Ce guide de conversation
contient les phrases et
les questions les plus
communes et nécessaires
pour communiquer avec
des étrangers

T&P BOOKS

Guide de conversation + dictionnaire de 250 mots

Guide de conversation Français-Chinois et mini dictionnaire de 250 mots

Par Andrey Taranov

La collection de guides de conversation "Tout ira bien!", publiée par T&P Books, est conçue pour les gens qui voyagent par affaire ou par plaisir. Les guides contiennent l'essentiel pour la communication de base. Il s'agit d'une série indispensable de phrases pour "survivre" à l'étranger.

Vous trouverez aussi un mini dictionnaire de 250 mots utiles, nécessaire à la communication quotidienne - le nom des mois, des jours, les unités de mesure, les membres de la famille, et plus encore.

T&P Books Publishing
www.tpbooks.com

ISBN: 978-1-78492-518-5

Ce livre existe également en format électronique.
Pour plus d'informations, veuillez consulter notre site: www.tpbooks.com
ou rendez-vous sur ceux des grandes librairies en ligne.

PRONONCIATION

Lettre	Exemple en chinois	Alphabet phonétique T&P	Exemple en français
a	tóufa	[a]	classe
ai	hǎi	[aɪ]	mosaïque
an	bèipàn	[an]	ananas
ang	pǐncháng	[ɑ̃]	dentiste
ao	gǎnmào	[aʊ]	knock-down
b	Bànfǎ	[p]	panama
c	cǎo	[tsh]	ts+h aspiré
ch	chě	[tʃh]	tch aspiré
d	dīdá	[t]	tennis
e	dēngjì	[ɛ]	faire
ei	běihǎi	[eɪ]	effrayer
en	xúnwèn	[ə]	record
eng	bēngkuì	[ə̃]	musicien
er	érzi	[ɛr]	mériter
f	fǎyuàn	[f]	formule
g	gōnglù	[k]	bocal
h	hǎitún	[h]	h aspiré
i	fēijī	[iː]	industrie
ia	jiā	[jɑ]	familial
ian	kànjiàn	[jʌn]	pianiste
ie	jiéyuē	[je]	conseiller
in	cónglín	[iːn]	piscine
j	jīqì	[tɕ]	Tchèque
k	kuàilè	[kh]	k + h aspiré
l	lúnzi	[l]	vélo
m	hémǎ	[m]	minéral
n	nǐ hǎo	[n]	ananas
o	yībō	[ɔ]	robinet
ong	chénggōng	[ʊ̃]	un demi-tour
ou	běiměizhōu	[ɔʊ]	anglais - rose, russe - ноутбук
p	pào	[ph]	p aspiré
q	qiáo	[tɕh]	anglais - cheer, russe - чтение
r	rè	[ʒ]	jeunesse
s	sàipǎo	[s]	syndicat
sh	shāsǐ	[ʃ]	machine

5

Lettre	Exemple en chinois	Alphabet phonétique T&P	Exemple en français
t	tūrán	[th]	t aspiré
u	dáfù	[u], [ʊ]	trou
ua	chuán	[ua]	voie
un	yúchǔn	[uːn], [ʊn]	clown
ü	lǚxíng	[y]	Portugal
ün	shēnyùn	[jun]	punir
uo	zuòwèi	[uɔ]	duo
w	wùzhì	[w]	iguane
x	xiǎo	[ɕ]	chiffre
z	zérèn	[ʦ]	gratte-ciel
zh	zhǎo	[dʒ]	adjoint

Remarques

Premier ton (ton égal)
Avec le premier ton, le timbre de la voix reste égal et légèrement haut en prononçant la syllabe. Exemple : mā

Deuxième ton (ton montant)
Avec le deuxième ton, le timbre de la voix monte légèrement en prononçant la syllabe. Exemple : má

Troisième ton (ton bas, descendant / puis montant)
Avec le troisième ton, le timbre de la voix descend et remonte en prononçant la même syllabe. Exemple : mǎ

Quatrième ton (ton descendant)
Avec le quatrième ton, le timbre de la voix baisse brusquement en prononçant la syllabe. Exemple : mà

Cinquième ton (ton neutre)
Avec le ton neutre, le timbre de la voix dépend du mot, mais la prononciation est généralement plus brève et plus douce que pour les autres syllabes. Exemple : ma

LISTE DES ABRÉVIATIONS

Abréviations en français

adj	-	adjective
adv	-	adverbe
anim.	-	animé
conj	-	conjonction
dénombr.	-	dénombrable
etc.	-	et cetera
f	-	nom féminin
f pl	-	féminin pluriel
fam.	-	familiar
fem.	-	féminin
form.	-	formal
inanim.	-	inanimé
indénombr.	-	indénombrable
m	-	nom masculin
m pl	-	masculin pluriel
m, f	-	masculin, féminin
masc.	-	masculin
math	-	mathematics
mil.	-	militaire
pl	-	pluriel
prep	-	préposition
pron	-	pronom
qch	-	quelque chose
qn	-	quelqu'un
sing.	-	singulier
v aux	-	verbe auxiliaire
v imp	-	verbe impersonnel
vi	-	verbe intransitif
vi, vt	-	verbe intransitif, transitif
vp	-	verbe pronominal
vt	-	verbe transitif

BOOKS

Tεp

GUIDE DE CONVERSATION CHINOIS

Cette section contient
des phrases importantes
qui peuvent être utiles dans
des situations courantes.
Le guide vous aidera
à demander des directions,
clarifier le prix, acheter
des billets et commander
des plats au restaurant

T&P Books Publishing

CONTENU DU GUIDE DE CONVERSATION

T&P Books Publishing

Les essentiels

Excusez-moi, ...
请问，···
[qǐngwèn, ...]

Bonjour
你好。 | 你们好。
[nǐ hǎo | nǐmen hǎo]

Merci
谢谢。
[xièxiè]

Au revoir
再见。
[zàijiàn]

Oui
是的。
[shì de]

Non
不
[bù]

Je ne sais pas.
我不知道。
[wǒ bù zhīdào]

Où? | Où? | Quand?
哪里? | 到哪里? | 什么时候?
[nǎlǐ? | dào nǎlǐ? | shénme shíhòu?]

J'ai besoin de ...
我需要···
[wǒ xūyào ...]

Je veux ...
我想要···
[wǒ xiǎng yào ...]

Avez-vous ... ?
您有···吗?
[nín yǒu ... ma?]

Est-ce qu'il y a ... ici?
这里有···吗?
[zhè li yǒu ... ma?]

Puis-je ... ?
我可以···吗?
[wǒ kěyǐ ... ma?]

s'il vous plaît (pour une demande)
请
[qǐng]

Je cherche ...
我在找···
[wǒ zài zhǎo ...]

les toilettes
休息室
[xiūxí shì]

un distributeur
银行取款机
[yínháng qǔkuǎn jī]

une pharmacie
药店
[yàodiàn]

l'hôpital
医院
[yīyuàn]

le commissariat de police
警察局
[jǐngchá jú]

une station de métro
地铁
[dìtiě]

un taxi	出租车 [chūzū chē]
la gare	火车站 [huǒchē zhàn]

Je m'appelle ...	我叫··· [wǒ jiào ...]
Comment vous appelez-vous?	您叫什么名字？ [nín jiào shénme míngzì?]
Aidez-moi, s'il vous plaît.	请帮助我。 [qǐng bāngzhù wǒ]
J'ai un problème.	我有麻烦了。 [wǒ yǒu máfanle]
Je ne me sens pas bien.	我感觉不舒服。 [wǒ gǎnjué bú shūfú]
Appelez une ambulance!	叫救护车！ [jiào jiùhù chē!]
Puis-je faire un appel?	我可以打个电话吗？ [wǒ kěyǐ dǎ gè diànhuà ma?]

Excusez-moi.	对不起。 [duìbùqǐ]
Je vous en prie.	不客气。 [bù kèqì]

je, moi	我 [wǒ]
tu, toi	你 [nǐ]
il	他 [tā]
elle	她 [tā]
ils	他们 [tāmen]
elles	她们 [tāmen]
nous	我们 [wǒmen]
vous	你们 [nǐmen]
Vous	您 [nín]

ENTRÉE	入口 [rùkǒu]
SORTIE	出口 [chūkǒu]
HORS SERVICE | EN PANNE	故障 [gùzhàng]
FERMÉ	关门 [guānmén]

OUVERT

开门
[kāimén]

POUR LES FEMMES

女士专用
[nǚshì zhuānyòng]

POUR LES HOMMES

男士专用
[nánshì zhuānyòng]

Questions

Où? (lieu)
在哪里?
[zài nǎlǐ?]

Où? (direction)
到哪里?
[dào nǎlǐ?]

D'où?
从哪里?
[cóng nǎlǐ?]

Pourquoi?
为什么?
[wèi shénme?]

Pour quelle raison?
为了什么?
[wèile shénme?]

Quand?
什么时候?
[shénme shíhòu?]

Combien de temps?
多长时间?
[duō cháng shíjiān?]

À quelle heure?
几点?
[jǐ diǎn?]

C'est combien?
多少?
[duōshǎo?]

Avez-vous … ?
您有…吗?
[nín yǒu … ma?]

Où est …, s'il vous plaît?
…在哪里?
[… zài nǎlǐ?]

Quelle heure est-il?
几点了?
[jǐ diǎnle?]

Puis-je faire un appel?
我可以打个电话吗?
[wǒ kěyǐ dǎ gè diànhuà ma?]

Qui est là?
谁啊?
[shuí a?]

Puis-je fumer ici?
我能在这里吸烟吗?
[wǒ néng zài zhèlǐ xīyān ma?]

Puis-je …?
我可以…吗?
[wǒ kěyǐ … ma?]

Besoins

Je voudrais ...	我想… [wǒ xiǎng …]
Je ne veux pas ...	我不想… [wǒ bùxiǎng …]
J'ai soif.	我渴了。 [wǒ kěle]
Je veux dormir.	我想睡觉。 [wǒ xiǎng shuìjiào]
Je veux ...	我想要… [wǒ xiǎng yào …]
me laver	洗脸 [xǐliǎn]
brosser mes dents	刷牙 [shuāyá]
me reposer un instant	休息一会 [xiūxí yī huǐ]
changer de vêtements	换衣服 [huàn yīfú]
retourner à l'hôtel	回旅店 [huí lǚdiàn]
acheter ...	去买 [qù mǎi]
aller à ...	去… [qù …]
visiter ...	去参观… [qù cānguān …]
rencontrer ...	去见… [qù jiàn …]
faire un appel	去打电话 [qù dǎ diànhuà]
Je suis fatigué /fatiguée/	我累了。 [wǒ lèile]
Nous sommes fatigués /fatiguées/	我们累了。 [wǒmen lèile]
J'ai froid.	我冷。 [wǒ lěng]
J'ai chaud.	我热。 [wǒ rè]
Je suis bien.	我很好。 [wǒ hěn hǎo]

Il me faut faire un appel.

我需要打个电话。
[wǒ xūyào dǎ gè diànhuà]

J'ai besoin d'aller aux toilettes.

我要去厕所。
[wǒ yào qù cèsuǒ]

Il faut que j'aille.

我必须得走了。
[wǒ bìxū dé zǒuliǎo]

Je dois partir maintenant.

我现在得走了。
[wǒ xiànzài dé zǒuliǎo]

Comment demander la direction

Excusez-moi, ...	请问，··· [qǐngwèn, ...]
Où est ..., s'il vous plaît?	···在哪里? [... zài nǎlǐ?]
Dans quelle direction est ... ?	去···怎么走? [qù ... zěnme zǒu?]
Pouvez-vous m'aider, s'il vous plaît ?	请帮助我。 [qǐng bāngzhù wǒ]
Je cherche ...	我在找··· [wǒ zài zhǎo ...]
La sortie, s'il vous plaît?	我在找出口。 [wǒ zài zhǎo chūkǒu]
Je vais à ...	我要去··· [wǒ yào qù ...]
C'est la bonne direction pour ...?	这是去···的路吗? [zhè shì qù ... de lù ma?]
C'est loin?	那里远吗? [nàlǐ yuǎn ma?]
Est-ce que je peux y aller à pied?	我能走路去那里吗? [wǒ néng zǒulù qù nàlǐ ma?]
Pouvez-vous me le montrer sur la carte?	能在地图上指出来吗? [néng zài dìtú shàng zhǐchū lái ma?]
Montrez-moi où sommes-nous, s'il vous plaît.	告诉我们现在的位置。 [gàosù wǒ wǒmen xiànzài de wèizhì]
Ici	这里 [zhèlǐ]
Là-bas	那里 [nàlǐ]
Par ici	到这里来 [dào zhèlǐ lái]
Tournez à droite.	右转。 [yòu zhuǎn]
Tournez à gauche.	左转。 [zuǒ zhuǎn]
Prenez la première (deuxième, troisième) rue.	第一（第二、第三）个转弯 [dì yī (dì èr, dì sān) gè zhuǎnwān]
à droite	向右 [xiàng yòu]

à gauche

向左
[xiàng zuǒ]

Continuez tout droit.

一直往前走。
[yīzhí wǎng qián zǒu]

Affiches, Pancartes

BIENVENUE!
欢迎光临
[huānyíng guānglín]

ENTRÉE
入口
[rùkǒu]

SORTIE
出口
[chūkǒu]

POUSSEZ
推
[tuī]

TIREZ
拉
[lā]

OUVERT
开门
[kāimén]

FERMÉ
关门
[guānmén]

POUR LES FEMMES
女士专用
[nǚshì zhuānyòng]

POUR LES HOMMES
男士专用
[nánshì zhuānyòng]

MESSIEURS (M)
男厕所
[nán cèsuǒ]

FEMMES (F)
女厕所
[nǚ cèsuǒ]

RABAIS | SOLDES
折扣
[zhékòu]

PROMOTION
销售
[xiāoshòu]

GRATUIT
免费！
[miǎnfèi!]

NOUVEAU!
新品！
[xīnpǐn!]

ATTENTION!
注意！
[zhùyì!]

COMPLET
客满
[kè mǎn]

RÉSERVÉ
留座
[liú zuò]

ADMINISTRATION
行政部门
[xíngzhèng bùmén]

PERSONNEL SEULEMENT
员工通道
[yuángōng tōngdào]

ATTENTION AU CHIEN!
当心有狗！
[dāngxīn yǒu gǒu!]

NE PAS FUMER!
禁止吸烟
[jìnzhǐ xīyān]

NE PAS TOUCHER!
禁止触摸
[jìnzhǐ chùmō]

DANGEREUX
危险
[wéixiǎn]

DANGER
危险
[wéixiǎn]

HAUTE TENSION
高压危险
[gāoyā wéixiǎn]

BAIGNADE INTERDITE!
禁止游泳
[jìnzhǐ yóuyǒng]

HORS SERVICE | EN PANNE
故障
[gùzhàng]

INFLAMMABLE
易燃品
[yì rán pǐn]

INTERDIT
禁止
[jìnzhǐ]

ENTRÉE INTERDITE!
禁止通行
[jìnzhǐ tōng xíng]

PEINTURE FRAÎCHE
油漆未干
[yóuqī wèi gān]

FERMÉ POUR TRAVAUX
装修-暂停营业
[zhuāngxiū-zàntíng yíngyè]

TRAVAUX EN COURS
前方施工
[qiánfāng shīgōng]

DÉVIATION
绕行
[rào xíng]

Transport - Phrases générales

avion	飞机 [fēijī]
train	火车 [huǒchē]
bus, autobus	公交车 [gōngjiāo chē]
ferry	渡轮 [dùlún]
taxi	出租车 [chūzū chē]
voiture	汽车 [qìchē]

horaire	时刻表 [shíkè biǎo]
Où puis-je voir l'horaire?	在哪里可以看到时刻表? [zài nǎlǐ kěyǐ kàn dào shíkè biǎo?]
jours ouvrables	工作日 [gōngzuòrì]
jours non ouvrables	休息日 [xiūxírì]
jours fériés	节假日 [jiéjiàrì]

DÉPART	出发 [chūfā]
ARRIVÉE	到达 [dàodá]
RETARDÉE	延迟 [yánchí]
ANNULÉE	取消 [qǔxiāo]

prochain (train, etc.)	下一班 [xià yī bān]
premier	第一班 [dì yī bān]
dernier	最后一班 [zuìhòu yī bān]

À quelle heure est le prochain ...?	下一班…是几点? [xià yī bān ... shì jǐ diǎn?]
À quelle heure est le premier ...?	第一班…是几点? [dì yī bān ... shì jǐ diǎn?]

À quelle heure est le dernier ...?   最后一班···是几点?
[zuìhòu yī bān ... shì jǐ diǎn?]

correspondance   换乘
[huàn chéng]

prendre la correspondance   换乘
[huàn chéng]

Dois-je prendre la correspondance?   我中途需要换乘吗?
[wǒ zhōngtú xūyào huàn chéng ma?]

Acheter un billet

Où puis-je acheter des billets?	到哪里买票? [dào nǎlǐ mǎi piào?]
billet	票 [piào]
acheter un billet	去买一张票 [qù mǎi yī zhāng piào]
le prix d'un billet	票价 [piào jià]
Pour aller où?	到哪里? [dào nǎlǐ?]
Quelle destination?	到哪站? [dào nǎ zhàn?]
Je voudrais ...	我要··· [wǒ yào …]
un billet	1张票 [yì zhāng piào]
deux billets	2张票 [liǎng zhāng piào]
trois billets	3张票 [sān zhāng piào]
aller simple	单程 [dānchéng]
aller-retour	往返 [wǎngfǎn]
première classe	一等座 [yī děng zuò]
classe économique	二等座 [èr děng zuò]
aujourd'hui	今天 [jīntiān]
demain	明天 [míngtiān]
après-demain	后天 [hòutiān]
dans la matinée	上午 [shàngwǔ]
l'après-midi	中午 [zhōngwǔ]
dans la soirée	晚间 [wǎnjiān]

siège côté couloir

靠过道座位
[kào guòdào zuòwèi]

siège côté fenêtre

靠窗座位
[kào chuāng zuòwèi]

C'est combien?

多少钱?
[duōshǎo qián?]

Puis-je payer avec la carte?

我能用信用卡付款吗?
[wǒ néng yòng xìnyòngkǎ fùkuǎn ma?]

L'autobus

bus, autobus	公交车 [gōngjiāo chē]
autocar	长途客车 [chángtú kèchē]
arrêt d'autobus	巴士站 [bāshì zhàn]
Où est l'arrêt d'autobus le plus proche?	最近的巴士站在哪里？ [zuìjìn de bāshì zhàn zài nǎlǐ?]
numéro	号码 [hàomǎ]
Quel bus dois-je prendre pour aller à ...?	哪路公交车到…？ [nǎ lù gōngjiāo chē dào … ?]
Est-ce que ce bus va à ...?	这个公交车到…吗？ [zhège gōngjiāo chē dào … ma?]
L'autobus passe tous les combien?	这路公交车多长时间一趟？ [zhè lù gōngjiāo chē duō cháng shíjiān yī tàng?]
chaque quart d'heure	15分钟一趟 [shíwǔ fēnzhōng yī tàng]
chaque demi-heure	半个小时一趟 [bàn gè xiǎoshíyī tàng]
chaque heure	每小时一趟 [měi xiǎoshí yī tàng]
plusieurs fois par jour	一天几趟 [yītiān jǐ tàng]
... fois par jour	一天…趟 [yītiān … tàng]
horaire	时刻表 [shíkè biǎo]
Où puis-je voir l'horaire?	在哪里可以看到时刻表？ [zài nǎlǐ kěyǐ kàn dào shíkè biǎo?]
À quelle heure passe le prochain bus?	下班车几点到？ [xiàbānchē jǐ diǎn dào?]
À quelle heure passe le premier bus?	第一班车是几点？ [dì yī bānchē shì jǐ diǎn?]
À quelle heure passe le dernier bus?	最后一班车是几点？ [zuìhòu yī bān chē shì jǐ diǎn?]
arrêt	站 [zhàn]

prochain arrêt	下一站 [xià yí zhàn]
terminus	上一站 [shàng yí zhàn]
Pouvez-vous arrêter ici, s'il vous plaît.	请在这里停车。 [qǐng zài zhèlǐ tíngchē]
Excusez-moi, c'est mon arrêt.	不好意思，我要下车。 [bù hǎoyìsi, wǒ yào xià chē]

Train

train	火车 [huǒchē]
train de banlieue	市郊火车 [shìjiāo huǒchē]
train de grande ligne	长途列车 [chángtú lièchē]
la gare	火车站 [huǒchē zhàn]
Excusez-moi, où est la sortie vers les quais?	请问，站台的出口在哪里？ [qǐngwèn, zhàntái de chūkǒu zài nǎlǐ?]
Est-ce que ce train va à ...?	这个火车到…吗？ [zhège huǒchē dào ... ma?]
le prochain train	下一趟火车 [xià yī tàng huǒchē]
À quelle heure est le prochain train?	下趟火车是什么时候？ [xià tàng huǒchē shì shénme shíhòu?]
Où puis-je voir l'horaire?	在哪里可以看到时刻表？ [zài nǎlǐ kěyǐ kàn dào shíkè biǎo?]
De quel quai?	在哪个站台？ [zài nǎge zhàntái?]
À quelle heure arrive le train à ...?	火车什么时候到达…？ [huǒchē shénme shíhòu dàodá ... ?]
Pouvez-vous m'aider, s'il vous plaît?	请帮帮我。 [qǐng bāng bāng wǒ]
Je cherche ma place.	我在找我的座位。 [wǒ zài zhǎo wǒ de zuòwèi]
Nous cherchons nos places.	我们在找我们的座位。 [wǒmen zài zhǎo wǒmen de zuòwèi]
Ma place est occupée.	我的座位被占了。 [wǒ de zuòwèi bèi zhànle]
Nos places sont occupées.	我们的座位被占了。 [wǒmen de zuòwèi bèi zhànle]
Excusez-moi, mais c'est ma place.	对不起，这是我的座位。 [duìbùqǐ, zhè shì wǒ de zuòwèi]
Est-ce que cette place est libre?	这个位置有人坐吗？ [zhège wèizhì yǒurén zuò ma?]
Puis-je m'asseoir ici?	我能坐这里吗？ [wǒ néng zuò zhèlǐ ma?]

Sur le train - Dialogue (Pas de billet)

Votre billet, s'il vous plaît.
请出示你的车票。
[qǐng chūshì nǐ de jū piào]

Je n'ai pas de billet.
我没有车票。
[wǒ méiyǒu chēpiào]

J'ai perdu mon billet.
我的车票丢了。
[wǒ de jū piào diūle]

J'ai oublié mon billet à la maison.
我的车票忘在家里了。
[wǒ de jū piào wàng zài jiāﬂle]

Vous pouvez m'acheter un billet.
你可以从我这里买票。
[nǐ kěyǐ cóng wǒ zhèﬂ mǎi piào]

Vous devrez aussi payer une amende.
你还得交罚款。
[nǐ hái dé jiāo fákuǎn]

D'accord.
好的。
[hǎo de]

Où allez-vous?
你要去哪里?
[nǐ yào qù nǎﬂ?]

Je vais à ...
我要去···
[wǒ yào qù ...]

Combien? Je ne comprend pas.
多少钱? 我不明白。
[duōshǎo qián? wǒ bù míngbái]

Pouvez-vous l'écrire, s'il vous plaît.
请写下来。
[qǐng xiě xiàlái]

D'accord. Puis-je payer avec la carte?
好的。我能用信用卡支付吗?
[hǎo de. wǒ néng yòng xìnyòngkǎ zhīfù ma?]

Oui, bien sûr.
好的，可以。
[hǎo de, kěyǐ]

Voici votre reçu.
这是您的收据。
[zhè shì nín de shōujù]

Désolé pour l'amende.
请您谅解罚款事宜。
[qǐng nín liàngjiě fákuǎn shìyí]

Ça va. C'est de ma faute.
没关系。是我的错。
[méiguānxì. shì wǒ de cuò]

Bon voyage.
旅途愉快。
[lǚtú yúkuài]

Taxi

taxi	出租车 [chūzū chē]
chauffeur de taxi	出租车司机 [chūzū chē sījī]
prendre un taxi	叫出租车 [jiào chūzū chē]
arrêt de taxi	出租车停车场 [chūzū chē tíngchē chǎng]
Où puis-je trouver un taxi?	我在哪里能乘坐出租车？ [wǒ zài nǎlǐ néng chéngzuò chūzū chē?]
appeler un taxi	叫出租车 [jiào chūzū chē]
Il me faut un taxi.	我需要一辆出租车。 [wǒ xūyào yī liàng chūzū chē]
maintenant	现在。 [xiànzài]
Quelle est votre adresse?	您在什么位置？ [nín zài shénme wèizhì?]
Mon adresse est ...	我的地址是··· [wǒ dìdìzhǐshì ...]
Votre destination?	您要去哪儿？ [nín yào qù nǎ'er?]
Excusez-moi, ...	请问，··· [qǐngwèn, ...]
Vous êtes libre ?	您这是空车吗？ [nín zhè shì kōng chē ma?]
Combien ça coûte pour aller à ...?	到···多少钱？ [dào ... duōshǎo qián?]
Vous savez où ça se trouve?	你知道这个地方在哪里吗？ [nǐ zhīdào zhège dìfāng zài nǎlǐ ma?]
À l'aéroport, s'il vous plaît.	请到机场。 [qǐng dào jīchǎng]
Arrêtez ici, s'il vous plaît.	请停在这里。 [qǐng tíng zài zhèlǐ]
Ce n'est pas ici.	不是这里。 [bùshì zhèlǐ]
C'est la mauvaise adresse.	这地址不对。 [zhè dìzhǐ bùduì]
tournez à gauche	向左 [xiàng zuǒ]
tournez à droite	向右 [xiàng yòu]

Combien je vous dois?	我应该给您多少钱？ [wǒ yīnggāi gěi nín duōshǎo qián?]
J'aimerais avoir un reçu, s'il vous plaît.	请给我发票。 [qǐng gěi wǒ fāpiào]
Gardez la monnaie.	不用找了。 [bùyòng zhǎole]

Attendez-moi, s'il vous plaît ...	请等我··· [qǐng děng wǒ ...]
cinq minutes	5分钟 [wǔ fēnzhōng]
dix minutes	10分钟 [shí fēnzhōng]
quinze minutes	15分钟 [shíwǔ fēnzhōng]
vingt minutes	20分钟 [èrshí fēnzhōng]
une demi-heure	半小时 [bàn xiǎoshí]

Hôtel

Bonjour.

你好。
[nǐ hǎo]

Je m'appelle …

我叫…
[wǒ jiào …]

J'ai réservé une chambre.

我已预定房间。
[wǒ yǐ yùdìng fángjiān]

Je voudrais …

我需要…
[wǒ xūyào …]

une chambre simple

单人间
[dān rénjiān]

une chambre double

双人间
[shuāng rénjiān]

C'est combien?

多少钱?
[duōshǎo qián?]

C'est un peu cher.

这个有点贵。
[zhège yǒudiǎn guì]

Avez-vous autre chose?

你们还有其他房间吗?
[nǐmen hái yǒu qítā fángjiān ma?]

Je vais la prendre.

我就订这个了。
[wǒ jiù dìng zhègele]

Je vais payer comptant.

我付现金。
[wǒ fù xiànjīn]

J'ai un problème.

我房间有点小问题。
[wǒ fángjiān yǒudiǎn xiǎo wèntí]

Mon … est cassé /Ma … est cassée/

我房间里的…坏了。
[wǒ fángjiān lǐ de … huàile]

Mon /Ma/ … ne fonctionne pas.

我房间里的…不好用了。
[wǒ fángjiān lǐ de … bù hǎo yòngle]

télé

电视
[diànshì]

air conditionné

空调
[kòngtiáo]

robinet

水龙头
[shuǐlóngtóu]

douche

淋浴
[línyù]

évier

洗手盆
[xǐshǒu pén]

coffre-fort

保险箱
[bǎoxiǎnxiāng]

serrure de porte
门锁
[mén suǒ]

prise électrique
插座
[chǎzuò]

sèche-cheveux
吹风筒
[chuīfēng tǒng]

Je n'ai pas ...
我的房间里没有···
[wǒ de fángjiān lǐ méiyǒu ...]

d'eau
水
[shuǐ]

de lumière
光
[guāng]

d'électricité
电
[diàn]

Pouvez-vous me donner ...?
你能给我···吗?
[nǐ néng gěi wǒ ... ma?]

une serviette
一条毛巾
[yītiáo máojīn]

une couverture
一条毛毯
[yītiáo máotǎn]

des pantoufles
一双拖鞋
[yīshuāng tuōxié]

une robe de chambre
一件浴衣
[yī jiàn yùyī]

du shampoing
一些洗发水
[yīxiē xǐ fà shuǐ]

du savon
一块肥皂
[yīkuài féizào]

Je voudrais changer ma chambre.
我想换个房间。
[wǒ xiǎng huàngè fángjiān]

Je ne trouve pas ma clé.
我找不到自己的钥匙。
[wǒ zhǎo bù dào zìjǐ de yàoshi]

Pourriez-vous ouvrir ma chambre, s'il vous plaît?
请帮我打开房间。
[qǐng bāng wǒ dǎkāi fángjiān]

Qui est là?
谁啊?
[shuí a?]

Entrez!
进来。
[jìnlái]

Une minute!
稍等！
[shāo děng!]

Pas maintenant, s'il vous plaît.
请稍等。
[qǐng shāo děng]

Pouvez-vous venir à ma chambre, s'il vous plaît.
请到我的房间来。
[qǐng dào wǒ de fángjiān lái]

J'aimerais avoir le service d'étage.
我想订餐。
[wǒ xiǎng dìngcān]

Mon numéro de chambre est le ...
我的房间号码是···
[wǒ de fángjiān hàomǎ shì ...]

Je pars ...	我乘车离开··· [wǒ chéng chē líkāi ...]
Nous partons ...	我们乘车离开··· [wǒmen chéng chē líkāi ...]
maintenant	现在 [xiànzài]
cet après-midi	今天下午 [jīntiān xiàwǔ]
ce soir	今天晚上 [jīntiān wǎnshàng]
demain	明天 [míngtiān]
demain matin	明天上午 [míngtiān shàngwǔ]
demain après-midi	明天晚上 [míngtiān wǎnshàng]
après-demain	后天 [hòutiān]

Je voudrais régler mon compte.	我想结账。 [wǒ xiǎng jiézhàng]
Tout était merveilleux.	一切都很好。 [yīqiè dōu hěn hǎo]
Où puis-je trouver un taxi?	我在哪里能乘坐出租车? [wǒ zài nǎlǐ néng chéngzuò chūzū chē?]
Pourriez-vous m'appeler un taxi, s'il vous plaît?	您能帮我叫一辆出租车吗? [nín néng bāng wǒ jiào yī liàng chūzū chē ma?]

Restaurant

Puis-je voir le menu, s'il vous plaît?
我能看一下菜单吗?
[wǒ néng kàn yīxià càidān ma?]

Une table pour une personne.
一人桌。
[yīrén zhuō]

Nous sommes deux (trois, quatre).
我们一共两个（三个，四个）人。
[wǒmen yīgòng liǎng gè
(sān gè, sì gè) rén]

Fumeurs
吸烟区
[xīyān qū]

Non-fumeurs
非吸烟区
[fēi xīyān qū]

S'il vous plaît!
劳驾!
[láojià!]

menu
菜单
[càidān]

carte des vins
酒类一览表
[jiǔ lèi yīlǎnbiǎo]

Le menu, s'il vous plaît.
请给我菜单。
[qǐng gěi wǒ càidān]

Êtes-vous prêts à commander?
您要点菜了吗?
[nín yàodiǎn càile ma?]

Qu'allez-vous prendre?
您要点什么?
[nín yàodiǎn shénme?]

Je vais prendre ...
我想点…
[wǒ xiǎng diǎn ...]

Je suis végétarien.
我吃素。
[wǒ chīsù]

viande
肉
[ròu]

poisson
鱼
[yú]

légumes
蔬菜
[shūcài]

Avez-vous des plats végétariens?
你们餐厅供应素食餐吗?
[nǐmen cāntīng gōngyìng sùshí cān ma?]

Je ne mange pas de porc.
我不吃猪肉。
[wǒ bù chī zhūròu]

Il /elle/ ne mange pas de viande.
他 /她/ 不吃肉。
[tā bù chī ròu]

Je suis allergique à ...

我对…过敏。
[wǒ duì ... guòmǐn]

Pourriez-vous m'apporter ...,
s'il vous plaît.

请给我…
[qǐng gěi wǒ ...]

le sel | le poivre | du sucre

盐 | 胡椒粉 | 糖
[yán | hújiāo fěn | táng]

un café | un thé | un dessert

咖啡 | 茶 | 甜点
[kāfēi | chá | tiándiǎn]

de l'eau | gazeuse | plate

水 | 汽水 | 无气
[shuǐ | qìshuǐ | wú qì]

une cuillère | une fourchette | un couteau

一个汤匙 | 叉 | 刀
[yīgè tāngchí | chā | dāo]

une assiette | une serviette

一个 盘子 | 餐巾
[yīgè pánzi | cānjīn]

Bon appétit!

祝您用餐愉快！
[zhù nín yòngcān yúkuài!]

Un de plus, s'il vous plaît.

请再来一些。
[qǐng zàilái yīxiē]

C'était délicieux.

这个非常好吃。
[zhège fēicháng hào chī]

---

l'addition | de la monnaie | le pourboire

结账 | 找零 | 小费
[jiézhàng | zhǎo líng | xiǎofèi]

L'addition, s'il vous plaît.

请买单。
[qǐng mǎidān]

Puis-je payer avec la carte?

我能用信用卡付款吗？
[wǒ néng yòng xìnyòngkǎ fùkuǎn ma?]

Excusez-moi, je crois qu'il y a une
erreur ici.

对不起，这里有错误。
[duìbùqǐ, zhè li yǒu cuòwù]

Shopping. Faire les Magasins

Est-ce que je peux vous aider?
您需要帮助吗?
[nín xūyào bāngzhù ma?]

Avez-vous ... ?
您有…吗?
[nín yǒu ... ma?]

Je cherche ...
我在找…
[wǒ zài zhǎo ...]

Il me faut ...
我需要…
[wǒ xūyào ...]

Je regarde seulement, merci.
我只是看看。
[wǒ zhǐshì kàn kàn]

Nous regardons seulement, merci.
我们只是看看。
[wǒmen zhǐshì kàn kàn]

Je reviendrai plus tard.
我一会回来。
[wǒ yī huǐ huílái]

On reviendra plus tard.
我们一会再来。
[wǒmen yī huǐ zàilái]

Rabais | Soldes
折扣 ｜ 出售
[zhékòu | chūshòu]

Montrez-moi, s'il vous plaît ...
请给我看看…
[qǐng gěi wǒ kàn kàn ...]

Donnez-moi, s'il vous plaît ...
请给我…
[qǐng gěi wǒ ...]

Est-ce que je peux l'essayer?
我能试一下这个吗?
[wǒ néng shì yīxià zhège ma?]

Excusez-moi, où est la cabine d'essayage?
请问，哪里有试衣间?
[qǐngwèn, nǎ li yǒu shì yī jiān?]

Quelle couleur aimeriez-vous?
你想要哪个颜色?
[nǐ xiǎng yào nǎge yánsè?]

taille | longueur
尺寸 ｜ 长度
[chǐcùn | chángdù]

Est-ce que la taille convient ?
合身吗?
[héshēn ma?]

Combien ça coûte?
多少钱?
[duōshǎo qián?]

C'est trop cher.
太贵了。
[tài guìle]

Je vais le prendre.
我买了。
[wǒ mǎile]

Excusez-moi, où est la caisse?
请问，在哪里付款?
[qǐngwèn, zài nǎlǐ fùkuǎn?]

Payerez-vous comptant ou par carte de crédit?	您是现今还是信用卡支付？ [nín shì xiànjīn háishì xìnyòngkǎ zhīfù?]
Comptant	par carte de crédit	用现金 ｜ 用信用卡 [yòng xiànjīn	yòng xìnyòngkǎ]

Voulez-vous un reçu?	您需要收据吗？ [nín xūyào shōujù ma?]
Oui, s'il vous plaît.	要，谢谢。 [yào, xièxiè]
Non, ce n'est pas nécessaire.	不用，没关系。 [bùyòng, méiguānxì]
Merci. Bonne journée!	谢谢。祝您愉快！ [xièxiè. zhù nín yúkuài!]

En ville

Excusez-moi, …	请问，… [qǐngwèn, …]
Je cherche …	我在找… [wǒ zài zhǎo …]

le métro	地铁 [dìtiě]
mon hôtel	我的旅店 [wǒ de lǚdiàn]
le cinéma	电影院 [diànyǐngyuàn]
un arrêt de taxi	出租车候车处 [chūzū chē hòuchē chù]

un distributeur	银行取款机 [yínháng qǔkuǎn jī]
un bureau de change	外汇兑换 [wàihuì duìhuàn]
un café internet	网吧 [wǎngbā]
la rue …	…街 [… jiē]
cette place-ci	这个地方 [zhège dìfāng]

Savez-vous où se trouve …?	您知道…在哪里吗？ [nín zhīdào…zài nǎlǐ ma?]
Quelle est cette rue?	这条街道叫什么名字？ [zhè tiáo jiēdào jiào shénme míngzì?]
Montrez-moi où sommes-nous, s'il vous plaît.	告诉我我们现在的位置。 [gàosù wǒ wǒmen xiànzài de wèizhì.]

Est-ce que je peux y aller à pied?	我能走路去那里吗？ [wǒ néng zǒulù qù nàlǐ ma?]
Avez-vous une carte de la ville?	您有城市地图吗？ [nín yǒu chéngshì dìtú ma?]

C'est combien pour un ticket?	门票多少钱？ [ménpiào duōshǎo qián?]
Est-ce que je peux faire des photos?	能在这里照相吗？ [néng zài zhèlǐ zhàoxiàng ma?]
Êtes-vous ouvert?	你们开业了吗？ [nǐmen kāiyèle ma?]

À quelle heure ouvrez-vous?

几点开业?
[jǐ diǎn kāiyè?]

À quelle heure fermez-vous?

几点歇业?
[jǐ diǎn xiēyè?]

L'argent

argent	钱 [qián]
argent liquide	现金 [xiànjīn]
des billets	纸币 [zhǐbì]
petite monnaie	零钱 [língqián]
l'addition | de la monnaie | le pourboire	结账 | 找零 | 小费 [jiézhàng | zhǎo líng | xiǎofèi]

carte de crédit	信用卡 [xìnyòngkǎ]
portefeuille	钱包 [qiánbāo]
acheter	去买 [qù mǎi]
payer	去支付 [qù zhīfù]
amende	罚款 [fákuǎn]
gratuit	免费 [miǎnfèi]

Où puis-je acheter ... ?	在哪里能买到…? [zài nǎlǐ néng mǎi dào ... ?]
Est-ce que la banque est ouverte en ce moment?	银行现在开门了吗? [yínháng xiànzài kāiménle ma?]
À quelle heure ouvre-t-elle?	什么时候开门? [shénme shíhòu kāimén?]
À quelle heure ferme-t-elle?	什么时候关门? [shénme shíhòu guānmén?]

C'est combien?	多少钱? [duōshǎo qián?]
Combien ça coûte?	这个多少钱? [zhège duōshǎo qián?]
C'est trop cher.	太贵了。 [tài guìle]

Excusez-moi, où est la caisse?	请问,在哪里付款? [qǐngwèn, zài nǎlǐ fùkuǎn?]
L'addition, s'il vous plaît.	请结账。 [qǐng jiézhàng]

Puis-je payer avec la carte?
我能用信用卡付款吗?
[wǒ néng yòng xìnyòngkǎ fùkuǎn ma?]

Est-ce qu'il y a un distributeur ici?
这里有银行取款机吗?
[zhè li yǒu yínháng qǔkuǎn jī ma?]

Je cherche un distributeur.
我在找银行取款机。
[wǒ zài zhǎo yínháng qǔkuǎn jī]

Je cherche un bureau de change.
我在找外汇兑换除。
[wǒ zài zhǎo wàihuì duìhuàn chú]

Je voudrais changer ...
我想兑换…
[wǒ xiǎng duìhuàn ...]

Quel est le taux de change?
汇率是多少?
[huìlǜ shì duōshǎo?]

Avez-vous besoin de mon passeport?
需要我的护照吗?
[xūyào wǒ de hùzhào ma?]

Le temps

Quelle heure est-il?	几点了？ [jǐ diǎnle?]
Quand?	什么时候？ [shénme shíhòu?]
À quelle heure?	几点？ [jǐ diǎn?]
maintenant | plus tard | après ...	现在 | 以后 | 在···之后 [xiànzài | yǐhòu | zài ... zhīhòu]

une heure	一点整 [yīdiǎn zhěng]
une heure et quart	一点十五分 [yīdiǎn shíwǔ fēn]
une heure et demie	一点半 [yīdiǎn bàn]
deux heures moins quart	一点四十五分 [yīdiǎn sìshíwǔ fēn]

un | deux | trois	一 | 二 | 三 [yī | èr | sān]
quatre | cinq | six	四 | 五 | 六 [sì | wǔ | liù]
sept | huit | neuf	七 | 八 | 九 [qī | bā | jiǔ]
dix | onze | douze	十 | 十一 | 十二 [shí | shí yī | shí'èr]

dans ...	在···之内 [zài ... zhī nèi]
cinq minutes	5分钟 [wǔ fēnzhōng]
dix minutes	10分钟 [shí fēnzhōng]
quinze minutes	15分钟 [shíwǔ fēnzhōng]
vingt minutes	20分钟 [èrshí fēnzhōng]

une demi-heure	半小时 [bàn xiǎoshí]
une heure	一个小时 [yīgè xiǎoshí]

dans la matinée	上午 [shàngwǔ]
tôt le matin	清晨 [qīngchén]
ce matin	今天上午 [jīntiān shàngwǔ]
demain matin	明天上午 [míngtiān shàngwǔ]
à midi	在中午 [zài zhōngwǔ]
dans l'après-midi	在下午 [zài xiàwǔ]
dans la soirée	在晚上 [zài wǎnshàng]
ce soir	今天晚上 [jīntiān wǎnshàng]
la nuit	在半夜 [zài bànyè]
hier	昨天 [zuótiān]
aujourd'hui	今天 [jīntiān]
demain	明天 [míngtiān]
après-demain	后天 [hòutiān]
Quel jour sommes-nous aujourd'hui?	今天是星期几？ [jīntiān shì xīngqí jǐ?]
Nous sommes …	今天是… [jīntiān shì…]
lundi	星期一 [xīngqí yī]
mardi	星期二 [xīngqí'èr]
mercredi	星期三 [xīngqísān]
jeudi	星期四 [xīngqísì]
vendredi	星期五 [xīngqíwǔ]
samedi	星期六 [xīngqíliù]
dimanche	星期天 [xīngqítiān]

Salutations - Introductions

Bonjour.
您好。
[nín hǎo]

Enchanté /Enchantée/
很高兴见到您。
[hěn gāoxìng jiàn dào nín]

Moi aussi.
我也是。
[wǒ yěshì]

Je voudrais vous présenter …
给您介绍一下，这是…
[gěi nín jièshào yīxià, zhè shì …]

Ravi /Ravie/ de vous rencontrer.
很高兴认识您。
[hěn gāoxìng rènshí nín]

Comment allez-vous?
你好吗?
[nǐ hǎo ma?]

Je m'appelle …
我叫…
[wǒ jiào …]

Il s'appelle …
他叫…
[tā jiào …]

Elle s'appelle …
她叫…
[tā jiào …]

Comment vous appelez-vous?
您叫什么名字?
[nín jiào shénme míngzì?]

Quel est son nom?
他叫什么名字?
[tā jiào shénme míngzì?]

Quel est son nom?
她叫什么名字?
[tā jiào shénme míngzì?]

Quel est votre nom de famille?
您姓什么?
[nín xìng shénme?]

Vous pouvez m'appeler …
您可以叫我…
[nín kěyǐ jiào wǒ …]

D'où êtes-vous?
您来自哪里?
[nín láizì nǎlǐ?]

Je suis de …
我来自…
[wǒ láizì …]

Qu'est-ce que vous faites dans la vie?
您是做什么的?
[nín shì zuò shénme de?]

Qui est-ce?
这是谁?
[zhè shì shuí?]

Qui est-il?
他是谁?
[tā shì shuí?]

Qui est-elle?
她是谁?
[tā shì shuí?]

Qui sont-ils?
他们是谁?
[tāmen shì shuí?]

C'est ...	这是… [zhè shì …]
mon ami	我的朋友 [wǒ de péngyǒu]
mon amie	我的朋友 [wǒ de péngyǒu]
mon mari	我的丈夫 [wǒ de zhàngfū]
ma femme	我的妻子 [wǒ de qīzi]
mon père	我的父亲 [wǒ de fùqīn]
ma mère	我的母亲 [wǒ de mǔqīn]
mon frère	我的哥哥 ｜ 我的弟弟 [wǒ dí gēgē	wǒ de dì dì]
ma sœur	我的姐姐 ｜ 我的妹妹 [wǒ de jiějiě	wǒ de mèimei]
mon fils	我的儿子 [wǒ de érzi]
ma fille	我的女儿 [wǒ de nǚ'ér]
C'est notre fils.	这是我们的儿子。 [zhè shì wǒmen de érzi]
C'est notre fille.	这是我们的女儿。 [zhè shì wǒmen de nǚ'ér]
Ce sont mes enfants.	这是我的孩子们。 [zhè shì wǒ de háizimen]
Ce sont nos enfants.	这是我们的孩子们。 [zhè shì wǒmen de háizimen]

Les adieux

Au revoir!	再见！ [zàijiàn!]
Salut!	拜拜！ [bàibài!]
À demain.	明天见。 [míngtiān jiàn]
À bientôt.	一会见。 [yī huǐ jiàn]
On se revoit à sept heures.	7点见。 [qī diǎn jiàn]
Amusez-vous bien!	玩的开心！ [wán de kāixīn!]
On se voit plus tard.	以后再聊。 [yǐhòu zài liáo]
Bonne fin de semaine.	周末愉快。 [zhōumò yúkuài]
Bonne nuit.	晚安。 [wǎn'ān]
Il est l'heure que je parte.	我得走了。 [wǒ dé zǒuliǎo]
Je dois m'en aller.	我要走了。 [wǒ yào zǒuliǎo]
Je reviens tout de suite.	我马上回来。 [wǒ mǎshàng huílái]
Il est tard.	已经很晚了。 [yǐjing hěn wǎnle]
Je dois me lever tôt.	我要早起。 [wǒ yào zǎoqǐ]
Je pars demain.	我明天就走了。 [wǒ míngtiān jiù zǒuliǎo]
Nous partons demain.	我们明天就走了。 [wǒmen míngtiān jiù zǒuliǎo]
Bon voyage!	旅途愉快！ [lǚtú yúkuài!]
Enchanté de faire votre connaissance.	很高兴认识你。 [hěn gāoxìng rènshí nǐ]
Heureux /Heureuse/ d'avoir parlé avec vous.	很高兴与你聊天。 [hěn gāoxìng yǔ nǐ liáotiān]
Merci pour tout.	谢谢你为我做的一切。 [xièxiè nǐ wèi wǒ zuò de yīqiè]

Je me suis vraiment amusé /amusée/   我过的非常开心。
[wǒguò de fēicháng kāixīn]

Nous nous sommes vraiment
amusés /amusées/   我们过的非常开心。
[wǒmenguò de fēicháng kāixīn]

C'était vraiment plaisant.   真的太棒了。
[zhēn de tài bàngle]

Vous allez me manquer.   我会想念你的。
[wǒ huì xiǎngniàn nǐ de]

Vous allez nous manquer.   我们会想念你的。
[wǒmen huì xiǎngniàn nǐ de]

Bonne chance!   祝你好运！
[zhù nǐ hǎo yùn!]

Mes salutations à …   代我向…问好
[dài wǒ xiàng … wènhǎo]

Une langue étrangère

Je ne comprends pas.	我没听懂。 [wǒ méi tīng dǒng]
Écrivez-le, s'il vous plaît.	请您把它写下来，好吗? [qǐng nín bǎ tā xiě xiàlái, hǎo ma?]
Parlez-vous ...?	您能说…? [nín néng shuō ... ?]

Je parle un peu ...	我会一点点… [wǒ huì yī diǎndiǎn ...]
anglais	英语 [yīngyǔ]
turc	土耳其语 [tǔ'ěrqí yǔ]
arabe	阿拉伯语 [ālābó yǔ]
français	法语 [fǎyǔ]

allemand	德语 [déyǔ]
italien	意大利语 [yìdàlì yǔ]
espagnol	西班牙语 [xībānyá yǔ]
portugais	葡萄牙语 [pútáoyá yǔ]
chinois	汉语 [hànyǔ]
japonais	日语 [rìyǔ]

Pouvez-vous le répéter, s'il vous plaît.	请再说一遍。 [qǐng zàishuō yībiàn]
Je comprends.	我明白了。 [wǒ míngbáile]
Je ne comprends pas.	我没听懂。 [wǒ méi tīng dǒng]
Parlez plus lentement, s'il vous plaît.	请说慢一点。 [qǐng shuō màn yī diǎn]

Est-ce que c'est correct?	对吗? [duì ma?]
Qu'est-ce que c'est?	这是什么? [zhè shì shénme?]

Les excuses

Excusez-moi, s'il vous plaît.
请原谅。
[qǐng yuánliàng]

Je suis désolé /désolée/
我很抱歉。
[wǒ hěn bàoqiàn]

Je suis vraiment /désolée/
我真的很抱歉。
[wǒ zhēn de hěn bàoqiàn]

Désolé /Désolée/, c'est ma faute.
对不起，这是我的错。
[duìbùqǐ, zhè shì wǒ de cuò]

Au temps pour moi.
我的错。
[wǒ de cuò]

Puis-je ... ?
我可以…吗?
[wǒ kěyǐ ... ma?]

Ça vous dérange si je ...?
如果我…，您不会反对吧?
[rúguǒ wǒ ... , nín bù huì fǎnduì ba?]

Ce n'est pas grave.
没事。
[méishì]

Ça va.
一切正常。
[yīqiè zhèngcháng]

Ne vous inquiétez pas.
不用担心。
[bùyòng dānxīn]

Les accords

Oui
是的。
[shì de]

Oui, bien sûr.
是的，当然。
[shì de, dāngrán]

Bien.
好的
[hǎo de]

Très bien.
非常好。
[fēicháng hǎo]

Bien sûr!
当然。
[dāngrán]

Je suis d'accord.
我同意。
[wǒ tóngyì]

C'est correct.
对。
[duì]

C'est exact.
正确。
[zhèngquè]

Vous avez raison.
你是对的。
[nǐ shì duì de]

Je ne suis pas contre.
我不介意。
[wǒ bù jièyì]

Tout à fait correct.
完全正确。
[wánquán zhèngquè]

C'est possible.
这有可能。
[zhè yǒu kěnéng]

C'est une bonne idée.
这是个好主意。
[zhè shìgè hǎo zhǔyì]

Je ne peux pas dire non.
我无法拒绝。
[wǒ wúfǎ jùjué]

J'en serai ravi /ravie/
我很乐意。
[wǒ hěn lèyì]

Avec plaisir.
非常愿意。
[fēicháng yuànyì]

Refus, exprimer le doute

Non
不
[bù]

Absolument pas.
当然不。
[dāngrán bù]

Je ne suis pas d'accord.
我不同意。
[wǒ bù tóngyì]

Je ne le crois pas.
我不这么认为。
[wǒ bù zhème rènwéi]

Ce n'est pas vrai.
这不是真的。
[zhè bùshì zhēn de]

Vous avez tort.
您错了。
[nín cuòle]

Je pense que vous avez tort.
我觉得您错了。
[wǒ juédé nín cuòle]

Je ne suis pas sûr /sûre/
我不确定。
[wǒ bù quèdìng]

C'est impossible.
这不可能。
[zhè bù kěnéng]

Pas du tout!
不行！
[bùxíng!]

Au contraire!
恰恰相反。
[qiàqià xiāngfǎn]

Je suis contre.
我反对。
[wǒ fǎnduì]

Ça m'est égal.
我不在乎。
[wǒ bùzàihū]

Je n'ai aucune idée.
我一点都不知道。
[wǒ yī diǎn dōu bù zhīdào]

Je doute que cela soit ainsi.
我表示怀疑。
[wǒ biǎoshì huáiyí]

Désolé /Désolée/, je ne peux pas.
对不起，我不能。
[duìbùqǐ, wǒ bùnéng]

Désolé /Désolée/, je ne veux pas.
对不起，我不想。
[duìbùqǐ, wǒ bùxiǎng]

Merci, mais ça ne m'intéresse pas.
谢谢，我不需要。
[xièxiè, wǒ bù xūyào]

Il se fait tard.
已经很晚了。
[yǐjīng hěn wǎnle]

Je dois me lever tôt.

我要早起。
[wǒ dé zǎoqǐ]

Je ne me sens pas bien.

我感觉不太好。
[wǒ gǎnjué bù tài hǎo]

Exprimer la gratitude

Merci.   谢谢。
[xièxiè]

Merci beaucoup.   多谢。
[duōxiè]

Je l'apprécie beaucoup.   非常感谢。
[fēicháng gǎnxiè]

Je vous suis très reconnaissant.   我真的非常感谢您。
[wǒ zhēn de fēicháng gǎnxiè nín]

Nous vous sommes très reconnaissant.   我们真的非常感谢您。
[wǒmen zhēn de fēicháng gǎnxiè nín]

Merci pour votre temps.   感谢您百忙之中抽出时间。
[gǎnxiè nín bǎi máng zhī zhōng chōuchū shíjiān]

Merci pour tout.   谢谢你为我做的一切。
[xièxiè nǐ wèi wǒ zuò de yīqiè]

Merci pour ...   谢谢⋯
[xièxiè …]

votre aide   您的帮助
[nín de bāngzhù]

les bons moments passés   一段美好的时光
[yīduàn měihǎo de shíguāng]

un repas merveilleux   一顿美味佳肴
[yī dùn měiwèi jiāyáo]

cette agréable soirée   一个美好的夜晚
[yīgè měihǎo de yèwǎn]

cette merveilleuse journée   精彩的一天
[jīngcǎi de yītiān]

une excursion extraordinaire   一个精彩的旅程
[yīgè jīngcǎi de lǚchéng]

Il n'y a pas de quoi.   不值一提。
[bù zhí yī tí]

Vous êtes les bienvenus.   不用谢。
[bùyòng xiè]

Mon plaisir.   随时效劳。
[suíshí xiàoláo]

J'ai été heureux /heureuse/
de vous aider.   这是我的荣幸。
[zhè shì wǒ de róngxìng]

Ça va. N'y pensez plus.　　　　　別放心上。
　　　　　　　　　　　　　　　　[bié fàngxīn shàng]

Ne vous inquiétez pas.　　　　　不用担心。
　　　　　　　　　　　　　　　　[bùyòng dānxīn]

Félicitations. Vœux de fête

Félicitations! 恭喜你！
[gōngxǐ nǐ!]

Joyeux anniversaire! 生日快乐！
[shēngrì kuàilè!]

Joyeux Noël! 圣诞愉快！
[shèngdàn yúkuài!]

Bonne Année! 新年快乐！
[xīnnián kuàilè!]

Joyeuses Pâques! 复活节快乐！
[fùhuó jié kuàilè!]

Joyeux Hanoukka! 光明节快乐！
[guāngmíng jié kuàilè!]

Je voudrais proposer un toast. 我提议干杯。
[wǒ tíyì gānbēi]

Santé! 干杯！
[gānbēi!]

Buvons à ...! 让我们为…干杯！
[ràng wǒmen wèi... gānbēi!]

À notre succès! 为我们的胜利干杯！
[wèi wǒmen de shènglì gānbēi!]

À votre succès! 为您的成功干杯！
[wèi nín de chénggōng gānbēi!]

Bonne chance! 祝你好运！
[zhù nǐ hǎo yùn!]

Bonne journée! 祝您愉快！
[zhù nín yúkuài!]

Passez de bonnes vacances ! 祝你假期愉快！
[zhù nǐ jiàqī yúkuài!]

Bon voyage! 祝您旅途平安！
[zhù nín lǚtú píng'ān!]

Rétablissez-vous vite. 希望你能尽快好起来！
[xīwàng nǐ néng jǐnkuài hǎo qǐlái!]

Socialiser

Pourquoi êtes-vous si triste?	为什么那样悲伤啊？ [wèishéme nàyàng bēishāng a?]
Souriez!	笑一笑！ [xiào yīxiào!]
Êtes-vous libre ce soir?	你今晚有空吗？ [nǐ jīn wǎn yǒu kòng ma?]
Puis-je vous offrir un verre?	我能请你喝一杯吗？ [wǒ néng qǐng nǐ hè yībēi ma?]
Voulez-vous danser?	你想跳舞吗？ [nǐ xiǎng tiàowǔ ma?]
Et si on va au cinéma?	一起去看电影好吗？ [yīqǐ qù kàn diànyǐng hǎo ma?]
Puis-je vous inviter …	我能请你…吗？ [wǒ néng qǐng nǐ … ma?]
au restaurant	吃饭 [chīfàn]
au cinéma	看电影 [kàn diànyǐng]
au théâtre	去剧院 [qù jùyuàn]
pour une promenade	散步 [sànbù]
À quelle heure?	几点？ [jǐ diǎn?]
ce soir	今天晚上 [jīntiān wǎnshàng]
à six heures	6 点 [liù diǎn]
à sept heures	7 点 [qī diǎn]
à huit heures	8 点 [bā diǎn]
à neuf heures	9 点 [jiǔ diǎn]
Est-ce que vous aimez cet endroit?	你喜欢这里吗？ [nǐ xǐhuān zhèlǐ ma?]
Êtes-vous ici avec quelqu'un?	你和谁在这里吗？ [nǐ hé shuí zài zhèlǐ ma?]
Je suis avec mon ami.	我和我的朋友。 [wǒ hé wǒ de péngyǒu]

Je suis avec mes amis.

我和我的朋友们。
[wǒ hé wǒ de péngyǒumen]

Non, je suis seul /seule/

不，就我自己。
[bù, jiù wǒ zìjǐ]

As-tu un copain?

你有男朋友吗？
[nǐ yǒu nán péngyǒu ma?]

J'ai un copain.

我有男朋友。
[wǒ yǒu nán péngyǒu]

As-tu une copine?

你有女朋友吗？
[nǐ yǒu nǚ péngyǒu ma?]

J'ai une copine.

我有女朋友。
[wǒ yǒu nǚ péngyǒu]

Est-ce que je peux te revoir?

我能再见到你吗？
[wǒ néng zàijiàn dào nǐ ma?]

Est-ce que je peux t'appeler?

我能给你打电话吗？
[wǒ néng gěi nǐ dǎ diànhuà ma?]

Appelle-moi.

给我打电话。
[gěi wǒ dǎ diànhuà]

Quel est ton numéro?

你的电话号码是多少？
[nǐ de diànhuà hàomǎ shì duōshǎo?]

Tu me manques.

我想你。
[wǒ xiǎng nǐ]

Vous avez un très beau nom.

你的名字真好听。
[nǐ de míngzì zhēn hǎotīng]

Je t'aime.

我爱你。
[wǒ ài nǐ]

Veux-tu te marier avec moi?

你愿意嫁给我吗？
[nǐ yuànyì jià gěi wǒ ma?]

Vous plaisantez!

您在开玩笑！
[nín zài kāiwánxiào!]

Je plaisante.

我只是开玩笑。
[wǒ zhǐ shì kāiwánxiào]

Êtes-vous sérieux /sérieuse/?

您是认真的？
[nín shì rènzhēn de?]

Je suis sérieux /sérieuse/

我认真的。
[wǒ rènzhēn de]

Vraiment?!

真的吗？
[zhēn de ma?]

C'est incroyable!

不可思议！
[bùkěsīyì!]

Je ne vous crois pas.

我不相信你。
[wǒ bù xiāngxìn nǐ]

Je ne peux pas.

我不能。
[wǒ bùnéng]

Je ne sais pas.

我不知道。
[wǒ bù zhīdào]

Je ne vous comprends pas

我不明白你的意思。
[wǒ bù míngbái nǐ de yìsi]

Laissez-moi! Allez-vous-en!	请你走开。 [qǐng nǐ zǒu kāi]
Laissez-moi tranquille!	别管我！ [biéguǎn wǒ!]

Je ne le supporte pas.	我不能忍受他。 [wǒ bùnéng rěnshòu tā]
Vous êtes dégoûtant!	您真恶心！ [nín zhēn ěxīn!]
Je vais appeler la police!	我要叫警察了！ [wǒ yào jiào jǐngchále!]

Partager des impressions. Émotions

J'aime ça.
我喜欢它。
[wǒ xǐhuān tā]

C'est gentil.
很可爱。
[hěn kě'ài]

C'est super!
那太棒了！
[nà tài bàngle!]

C'est assez bien.
这不错。
[zhè bùcuò]

Je n'aime pas ça.
我不喜欢它。
[wǒ bù xǐhuān tā]

Ce n'est pas bien.
这不好。
[zhè bù hǎo]

C'est mauvais.
这不好。
[zhè bù hǎo]

Ce n'est pas bien du tout.
这非常不好。
[zhè fēicháng bù hǎo]

C'est dégoûtant.
这个很恶心。
[zhège hěn ěxīn]

Je suis content /contente/
我很开心。
[wǒ hěn kāixīn]

Je suis heureux /heureuse/
我很满意。
[wǒ hěn mǎnyì]

Je suis amoureux /amoureuse/
我恋爱了。
[wǒ liàn'àile]

Je suis calme.
我很冷静。
[wǒ hěn lěngjìng]

Je m'ennuie.
我很无聊。
[wǒ hěn wúliáo]

Je suis fatigué /fatiguée/
我累了。
[wǒ lèile]

Je suis triste.
我很伤心。
[wǒ hěn shāngxīn]

J'ai peur.
我很害怕。
[wǒ hěn hàipà]

Je suis fâché /fâchée/
我生气了。
[wǒ shēngqìle]

Je suis inquiet /inquiète/
我很担心。
[wǒ hěn dānxīn]

Je suis nerveux /nerveuse/
我很紧张。
[wǒ hěn jǐnzhāng]

Je suis jaloux /jalouse/

我很羡慕。
[wǒ hěn xiànmù]

Je suis surpris /surprise/

我很惊讶。
[wǒ hěn jīngyà]

Je suis gêné /gênée/

我很尴尬。
[wǒ hěn gāngà]

Problèmes. Accidents

J'ai un problème.	我有麻烦了。 [wǒ yǒu máfanle]
Nous avons un problème.	我们有麻烦了。 [wǒmen yǒu máfanle]
Je suis perdu /perdue/	我迷路了。 [wǒ mílùle]
J'ai manqué le dernier bus (train).	我错过了最后一班公交车（火车）。 [wǒ cuòguòle zuìhòu yī bān gōngjiāo chē (huǒchē)]
Je n'ai plus d'argent.	我没钱了。 [wǒ méi qiánle]

J'ai perdu mon ...	我的…丢了。 [wǒ de ... diūle]
On m'a volé mon ...	我的…被偷了。 [wǒ de ... bèi tōule]
passeport	护照 [hùzhào]
portefeuille	钱包 [qiánbāo]
papiers	文件 [wénjiàn]
billet	机票 [jīpiào]

argent	钱 [qián]
sac à main	包 [bāo]
appareil photo	照相机 [zhàoxiàngjī]
portable	笔记本电脑 [bǐjìběn diànnǎo]
ma tablette	平板电脑 [píngbǎn diànnǎo]
mobile	手机 [shǒujī]

Au secours!	帮帮我！ [bāng bāng wǒ!]
Qu'est-il arrivé?	发生什么事了？ [fāshēng shénme shìle?]

un incendie	火灾 [huǒzāi]
des coups de feu	枪击 [qiāngjī]
un meurtre	谋杀 [móushā]
une explosion	爆炸 [bàozhà]
une bagarre	打架 [dǎjià]

Appelez la police!	请叫警察！ [qǐng jiào jǐngchá!]
Dépêchez-vous, s'il vous plaît!	请快点！ [qǐng kuài diǎn!]
Je cherche le commissariat de police.	我在找警察局。 [wǒ zài zhǎo jǐngchá jú]
Il me faut faire un appel.	我需要打个电话。 [wǒ xūyào dǎ gè diànhuà]
Puis-je utiliser votre téléphone?	我能用一下你的电话吗？ [wǒ néng yòng yīxià nǐ de diànhuà ma?]

J'ai été ...	我被…了。 [wǒ bèi ... le]
agressé /agressée/	抢劫 [qiǎngjié]
volé /volée/	偷 [tōu]
violée	强奸 [qiángjiān]
attaqué /attaquée/	袭击 [xíjī]

Est-ce que ça va?	您没事吧？ [nín méishì ba?]
Avez-vous vu qui c'était?	你有没有看到是谁？ [nǐ yǒu méiyǒu kàn dào shì shuí?]
Pourriez-vous reconnaître cette personne?	你能认出那个人吗？ [nǐ néng rèn chū nàgè rén ma?]
Vous êtes sûr?	你确定？ [nǐ quèdìng?]

Calmez-vous, s'il vous plaît.	请冷静。 [qǐng lěngjìng]
Calmez-vous!	冷静！ [lěngjìng!]
Ne vous inquiétez pas.	不用担心！ [bùyòng dānxīn!]
Tout ira bien.	一切都会好的。 [yīqiè dūhuì hǎo de]
Ça va. Tout va bien.	一切正常。 [yīqiè zhèngcháng]

Venez ici, s'il vous plaît.

请到这里来。
[qǐng dào zhèlǐ lái]

J'ai des questions à vous poser.

我有一些问题要问您。
[wǒ yǒu yīxiē wèntí yào wèn nín]

Attendez un moment, s'il vous plaît.

请等一下。
[qǐng děng yīxià]

Avez-vous une carte d'identité?

您有证件吗?
[nín yǒu zhèngjiàn ma?]

Merci. Vous pouvez partir maintenant.

谢谢。您可以走了。
[xièxiè. nín kěyǐ zǒuliǎo]

Les mains derrière la tête!

把手放在头上!
[bǎshǒu fàng zài tóu shàng!]

Vous êtes arrêté!

你被捕了!
[nǐ bèi bǔle!]

Problèmes de santé

Aidez-moi, s'il vous plaît.	请帮帮我。 [qǐng bāng bāng wǒ]
Je ne me sens pas bien.	我感觉不舒服。 [wǒ gǎnjué bú shūfú]
Mon mari ne se sent pas bien.	我丈夫不舒服。 [wǒ zhàngfū bú shūfú]
Mon fils ...	我儿子··· [wǒ érzi ...]
Mon père ...	我爸爸··· [wǒ bàba ...]
Ma femme ne se sent pas bien.	我妻子不舒服。 [wǒ qīzi bú shūfú]
Ma fille ...	我女儿··· [wǒ nǚ'ér ...]
Ma mère ...	我妈妈··· [wǒ māmā ...]
J'ai mal ...	我···痛。 [wǒ ... tòng]
à la tête	头 [tóu]
à la gorge	嗓子 [sǎngzi]
à l'estomac	胃 [wèi]
aux dents	牙 [yá]
J'ai le vertige.	我头晕。 [wǒ tóuyūn]
Il a de la fièvre.	他发烧了。 [tā fāshāole]
Elle a de la fièvre.	她发烧了。 [tā fāshāole]
Je ne peux pas respirer.	我呼吸困难。 [wǒ hūxī kùnnán]
J'ai du mal à respirer.	我快不能呼吸了。 [wǒ kuài bùnéng hūxīle]
Je suis asthmatique.	我有哮喘。 [wǒ yǒu xiāochuǎn]
Je suis diabétique.	我有糖尿病。 [wǒ yǒu tángniàobìng]

Je ne peux pas dormir.

我失眠。
[wǒ shīmián]

intoxication alimentaire

食物中毒。
[shíwù zhòngdú]

Ça fait mal ici.

这里疼。
[zhèlǐ téng]

Aidez-moi!

救命！
[jiùmìng!]

Je suis ici!

我在这儿！
[wǒ zài zhè'er!]

Nous sommes ici!

我们在这！
[wǒmen zài zhè!]

Sortez-moi d'ici!

让我离开这里！
[ràng wǒ líkāi zhèlǐ!]

J'ai besoin d'un docteur.

我需要医生。
[wǒ xūyào yīshēng]

Je ne peux pas bouger!

我动不了。
[wǒ dòng bùliǎo]

Je ne peux pas bouger mes jambes.

我的腿动不了。
[wǒ de tuǐ dòng bùliǎo]

Je suis blessé /blessée/

我受伤了。
[wǒ shòushāngle]

Est-ce que c'est sérieux?

很严重吗？
[hěn yánzhòng ma?]

Mes papiers sont dans ma poche.

我的文件在口袋里。
[wǒ de wénjiàn zài kǒudài lǐ]

Calmez-vous!

冷静！
[lěngjìng!]

Puis-je utiliser votre téléphone?

我能用一下你的电话吗？
[wǒ néng yòng yīxià nǐ de diànhuà ma?]

Appelez une ambulance!

叫救护车！
[jiào jiùhù chē!]

C'est urgent!

很着急！
[hěn zhāojí!]

C'est une urgence!

非常紧急！
[fēicháng jǐnjí!]

Dépêchez-vous, s'il vous plaît!

请快点！
[qǐng kuài diǎn!]

Appelez le docteur, s'il vous plaît.

请叫医生。
[qǐng jiào yīshēng]

Où est l'hôpital?

医院在哪里？
[yīyuàn zài nǎlǐ?]

Comment vous sentez-vous?

您感觉怎么样？
[nín gǎnjué zěnme yàng?]

Est-ce que ça va?

您没事吧？
[nín hái hǎo ba?]

Qu'est-il arrivé?

发生什么事了？
[fāshēng shénme shìle?]

Je me sens mieux maintenant.

我好多了。
[wǒ hǎoduōle]

Ça va. Tout va bien.

没事。
[méishì]

Ça va.

已经好了。
[yǐjīng hǎole]

À la pharmacie

pharmacie	药店 [yàodiàn]
pharmacie 24 heures	24四小时药店 [èrshí sì xiǎoshí yàodiàn]
Où se trouve la pharmacie la plus proche?	最近的药店在哪里? [zuìjìn di yàodiàn zài nǎlǐ?]
Est-elle ouverte en ce moment?	现在营业吗? [xiànzài yíngyè ma?]
À quelle heure ouvre-t-elle?	几点开门? [jǐ diǎn kāimén?]
à quelle heure ferme-t-elle?	几点关门? [jǐ diǎn guānmén?]
C'est loin?	那里远吗? [nàlǐ yuǎn ma?]
Est-ce que je peux y aller à pied?	我能走路去那里吗? [wǒ néng zǒulù qù nàlǐ ma?]
Pouvez-vous me le montrer sur la carte?	能在地图上指出来吗? [néng zài dìtú shàng zhǐchū lái ma?]
Pouvez-vous me donner quelque chose contre ...	请给我治…的药。 [qǐng gěi wǒ zhì ... di yào]
le mal de tête	头疼 [tóuténg]
la toux	咳嗽 [késòu]
le rhume	感冒 [gǎnmào]
la grippe	流感 [liúgǎn]
la fièvre	发烧 [fāshāo]
un mal d'estomac	胃疼 [wèi téng]
la nausée	恶心 [ěxīn]
la diarrhée	腹泻 [fùxiè]
la constipation	便秘 [biànmì]

un mal de dos	背痛 [bèi tòng]
les douleurs de poitrine	胸痛 [xiōngtòng]
les points de côté	岔气 [chàqì]
les douleurs abdominales	腹痛 [fùtòng]

une pilule	药片，药丸 [yàopiàn, yàowán]
un onguent, une crème	软膏，霜 [ruǎngāo, shuāng]
un sirop	糖浆 [tángjiāng]
un spray	喷雾 [pēnwù]
les gouttes	滴液 [dī yè]

Vous devez allez à l'hôpital.	你需要去医院。 [nǐ xūyào qù yīyuàn]
assurance maladie	医疗保险 [yīliáo bǎoxiǎn]
prescription	处方 [chǔfāng]
produit anti-insecte	驱虫剂 [qū chóng jì]
bandages adhésifs	创可贴 [chuàngkětiē]

Les essentiels

Excusez-moi, ...	请问，··· [qǐngwèn, ...]
Bonjour	你好。｜你们好。 [nǐ hǎo ｜ nǐmen hǎo]
Merci	谢谢。 [xièxiè]
Au revoir	再见。 [zàijiàn]
Oui	是的。 [shì de]
Non	不 [bù]
Je ne sais pas.	我不知道。 [wǒ bù zhīdào]
Où? ｜ Où? ｜ Quand?	哪里？｜到哪里？｜什么时候？ [nǎlǐ? ｜ dào nǎlǐ? ｜ shénme shíhòu?]

J'ai besoin de ...	我需要··· [wǒ xūyào ...]
Je veux ...	我想要··· [wǒ xiǎng yào ...]
Avez-vous ... ?	您有···吗？ [nín yǒu ... ma?]
Est-ce qu'il y a ... ici?	这里有···吗？ [zhè li yǒu ... ma?]
Puis-je ... ?	我可以···吗？ [wǒ kěyǐ ... ma?]
s'il vous plaît (pour une demande)	请 [qǐng]

Je cherche ...	我在找··· [wǒ zài zhǎo ...]
les toilettes	休息室 [xiūxí shì]
un distributeur	银行取款机 [yínháng qǔkuǎn jī]
une pharmacie	药店 [yàodiàn]
l'hôpital	医院 [yīyuàn]
le commissariat de police	警察局 [jǐngchá jú]
une station de métro	地铁 [dìtiě]

un taxi	出租车
	[chūzū chē]
la gare	火车站
	[huǒchē zhàn]

Je m'appelle ...	我叫…
	[wǒ jiào …]
Comment vous appelez-vous?	您叫什么名字？
	[nín jiào shénme míngzì?]
Aidez-moi, s'il vous plaît.	请帮助我。
	[qǐng bāngzhù wǒ]
J'ai un problème.	我有麻烦了。
	[wǒ yǒu máfanle]
Je ne me sens pas bien.	我感觉不舒服。
	[wǒ gǎnjué bú shūfú]
Appelez une ambulance!	叫救护车！
	[jiào jiùhù chē!]
Puis-je faire un appel?	我可以打个电话吗？
	[wǒ kěyǐ dǎ gè diànhuà ma?]

Excusez-moi.	对不起。
	[duìbùqǐ]
Je vous en prie.	不客气。
	[bù kèqì]

je, moi	我
	[wǒ]
tu, toi	你
	[nǐ]
il	他
	[tā]
elle	她
	[tā]
ils	他们
	[tāmen]
elles	她们
	[tāmen]
nous	我们
	[wǒmen]
vous	你们
	[nǐmen]
Vous	您
	[nín]

ENTRÉE	入口
	[rùkǒu]
SORTIE	出口
	[chūkǒu]
HORS SERVICE	EN PANNE	故障
	[gùzhàng]
FERMÉ	关门
	[guānmén]

OUVERT

开门
[kāimén]

POUR LES FEMMES

女士专用
[nǚshì zhuānyòng]

POUR LES HOMMES

男士专用
[nánshì zhuānyòng]

MINI DICTIONNAIRE

Cette section contient
250 mots, utiles nécessaires
à la communication
quotidienne.
Vous y trouverez le nom
des mois et des jours.
Le dictionnaire contient
aussi des sujets aussi variés
que les couleurs, les unités
de mesure, la famille et plus

T&P Books Publishing

CONTENU DU DICTIONNAIRE

T&P Books Publishing

1. Le temps. Le calendrier

temps (m)	时间	shí jiān
heure (f)	小时	xiǎo shí
demi-heure (f)	半小时	bàn xiǎo shí
minute (f)	分钟	fēn zhōng
seconde (f)	秒	miǎo
aujourd'hui (adv)	今天	jīn tiān
demain (adv)	明天	míng tiān
hier (adv)	昨天	zuó tiān
lundi (m)	星期一	xīng qī yī
mardi (m)	星期二	xīng qī èr
mercredi (m)	星期三	xīng qī sān
jeudi (m)	星期四	xīng qī sì
vendredi (m)	星期五	xīng qī wǔ
samedi (m)	星期六	xīng qī liù
dimanche (m)	星期天	xīng qī tiān
jour (m)	白天	bái tiān
jour (m) ouvrable	工作日	gōng zuò rì
jour (m) férié	节日	jié rì
week-end (m)	周末	zhōu mò
semaine (f)	星期	xīng qī
la semaine dernière	上星期	shàng xīng qī
la semaine prochaine	次周	cì zhōu
le matin	在上午	zài shàng wǔ
dans l'après-midi	在下午	zài xià wǔ
le soir	在晚上	zài wǎn shang
ce soir	今晚	jīn wǎn
la nuit	夜间	yè jiān
minuit (f)	午夜	wǔ yè
janvier (m)	一月	yī yuè
février (m)	二月	èr yuè
mars (m)	三月	sān yuè
avril (m)	四月	sì yuè
mai (m)	五月	wǔ yuè
juin (m)	六月	liù yuè
juillet (m)	七月	qī yuè
août (m)	八月	bā yuè

septembre (m)	九月	jiǔ yuè
octobre (m)	十月	shí yuè
novembre (m)	十一月	shí yī yuè
décembre (m)	十二月	shí èr yuè
au printemps	在春季	zài chūn jì
en été	在夏天	zài xià tiān
en automne	在秋季	zài qiū jì
en hiver	在冬季	zài dōng jì
mois (m)	月，月份	yuè, yuèfèn
saison (f)	季节	jì jié
année (f)	年	nián

2. Nombres. Adjectifs numéraux

zéro	零	líng
un	一	yī
deux	二	èr
trois	三	sān
quatre	四	sì
cinq	五	wǔ
six	六	liù
sept	七	qī
huit	八	bā
neuf	九	jiǔ
dix	十	shí
onze	十一	shí yī
douze	十二	shí èr
treize	十三	shí sān
quatorze	十四	shí sì
quinze	十五	shí wǔ
seize	十六	shí liù
dix-sept	十七	shí qī
dix-huit	十八	shí bā
dix-neuf	十九	shí jiǔ
vingt	二十	èrshí
trente	三十	sānshí
quarante	四十	sìshí
cinquante	五十	wǔshí
soixante	六十	liùshí
soixante-dix	七十	qīshí
quatre-vingts	八十	bāshí
quatre-vingt-dix	九十	jiǔshí
cent	一百	yī bǎi

deux cents	两百	liǎng bǎi
trois cents	三百	sān bǎi
quatre cents	四百	sì bǎi
cinq cents	五百	wǔ bǎi
six cents	六百	liù bǎi
sept cents	七百	qī bǎi
huit cents	八百	bā bǎi
neuf cents	九百	jiǔ bǎi
mille	一千	yī qiān
dix mille	一万	yī wàn
cent mille	十万	shí wàn
million (m)	百万	bǎi wàn
milliard (m)	十亿	shíyì

3. L'être humain. La famille

homme (m)	男人	nán rén
jeune homme (m)	年轻男士	nián qīng nán shì
femme (f)	女人	nǚ rén
jeune fille (f)	姑娘	gū niang
vieillard (m)	老先生	lǎo xiān sheng
vieille femme (f)	老妇人	lǎo fù rén
mère (f)	母亲	mǔ qīn
père (m)	父亲	fù qīn
fils (m)	儿子	ér zi
fille (f)	女儿	nǚ ér
parents (m pl)	父母	fù mǔ
enfant (m, f)	孩子	hái zi
enfants (pl)	孩子们	hái zi men
belle-mère (f)	继母	jì mǔ
beau-père (m)	继父	jì fù
grand-mère (f)	姥姥	lǎo lao
grand-père (m)	爷爷	yé ye
petit-fils (m)	孙子	sūn zi
petite-fille (f)	孙女	sūn nǚ
petits-enfants (pl)	孙子们	sūn zi men
oncle (m)	姑爹	gū diē
tante (f)	姑妈	gū mā
neveu (m)	侄子	zhí zi
nièce (f)	侄女	zhí nǚ
femme (f)	妻子	qī zi
mari (m)	老公	lǎo gōng

marié (adj)	结婚的	jié hūn de
mariée (adj)	结婚的	jié hūn de
veuve (f)	寡妇	guǎ fu
veuf (m)	鳏夫	guān fū

| prénom (m) | 名字 | míng zi |
| nom (m) de famille | 姓 | xìng |

parent (m)	亲戚	qīn qi
ami (m)	朋友	péngyou
amitié (f)	友谊	yǒu yì

partenaire (m)	搭档	dā dàng
collègue (m, f)	同事	tóng shì
voisins (m pl)	邻居们	lín jū men

4. Le corps humain. L'anatomie

corps (m)	身体	shēntǐ
cœur (m)	心，心脏	xīn, xīn zàng
sang (m)	血	xuè
cerveau (m)	脑	nǎo

os (m)	骨头	gǔtou
colonne (f) vertébrale	脊柱	jǐ zhù
côte (f)	肋骨	lèi gǔ
poumons (m pl)	肺	fèi
peau (f)	皮肤	pí fū

tête (f)	头	tóu
visage (m)	脸，面孔	liǎn, miàn kǒng
nez (m)	鼻子	bí zi
front (m)	前额	qián é
joue (f)	脸颊	liǎn jiá

bouche (f)	口，嘴	kǒu, zuǐ
langue (f)	舌，舌头	shé, shé tou
dent (f)	牙，牙齿	yá, yá chǐ
lèvres (f pl)	唇	chún
menton (m)	颏	kē

oreille (f)	耳朵	ěr duo
cou (m)	颈	jǐng
œil (m)	眼	yǎn
pupille (f)	瞳孔	tóng kǒng
sourcil (m)	眉毛	méi mao
cil (m)	睫毛	jié máo

| cheveux (m pl) | 头发 | tóu fa |
| coiffure (f) | 发型 | fà xíng |

moustache (f)	胡子	hú zi
barbe (f)	胡须	hú xū
porter (~ la barbe)	蓄着	xù zhuó
chauve (adj)	秃头的	tū tóu de

main (f)	手	shǒu
bras (m)	胳膊	gēbo
doigt (m)	手指	shǒu zhǐ
ongle (m)	指甲	zhǐ jia
paume (f)	手掌	shǒu zhǎng

épaule (f)	肩膀	jiān bǎng
jambe (f)	腿	tuǐ
genou (m)	膝，膝盖	xī, xī gài
talon (m)	后跟	hòu gēn
dos (m)	背	bèi

5. Les vêtements. Les accessoires personnels

vêtement (m)	服装	fú zhuāng
manteau (m)	大衣	dà yī
manteau (m) de fourrure	皮大衣	pí dà yī
veste (f) (~ en cuir)	茄克衫	jiā kè shān
imperméable (m)	雨衣	yǔ yī

chemise (f)	衬衫	chèn shān
pantalon (m)	裤子	kù zi
veston (m)	西服上衣	xī fú shàng yī
complet (m)	套装	tào zhuāng

robe (f)	连衣裙	lián yī qún
jupe (f)	裙子	qún zi
tee-shirt (m)	T恤	T xù
peignoir (m) de bain	浴衣	yù yī
pyjama (m)	睡衣	shuì yī
tenue (f) de travail	工作服	gōng zuò fú

sous-vêtements (m pl)	内衣	nèi yī
chaussettes (f pl)	短袜	duǎn wà
soutien-gorge (m)	乳罩	rǔ zhào
collants (m pl)	连裤袜	lián kù wà
bas (m pl)	长筒袜	cháng tǒng wà
maillot (m) de bain	游泳衣	yóu yǒng yī

chapeau (m)	帽子	mào zi
chaussures (f pl)	鞋类	xié lèi
bottes (f pl)	靴子	xuē zi
talon (m)	鞋后跟	xié hòu gēn
lacet (m)	鞋带	xié dài
cirage (m)	鞋油	xié yóu

gants (m pl)	手套	shǒu tào
moufles (f pl)	连指手套	lián zhǐ shǒu tào
écharpe (f)	围巾	wéi jīn
lunettes (f pl)	眼镜	yǎn jìng
parapluie (m)	雨伞	yǔ sǎn

cravate (f)	领带	lǐng dài
mouchoir (m)	手帕	shǒu pà
peigne (m)	梳子	shū zi
brosse (f) à cheveux	梳子	shū zi

boucle (f)	皮带扣	pí dài kòu
ceinture (f)	腰带	yāo dài
sac (m) à main	女手提包	nǚ shǒutí bāo

6. La maison. L'appartement

appartement (m)	公寓	gōng yù
chambre (f)	房间	fáng jiān
chambre (f) à coucher	卧室	wòshì
salle (f) à manger	餐厅	cān tīng

salon (m)	客厅	kè tīng
bureau (m)	书房	shū fáng
antichambre (f)	入口空间	rù kǒu kōng jiān
salle (f) de bains	浴室	yù shì
toilettes (f pl)	卫生间	wèi shēng jiān

aspirateur (m)	吸尘器	xī chén qì
balai (m) à franges	拖把	tuō bǎ
torchon (m)	拭尘布	shì chén bù
balayette (f) de sorgho	扫帚	sào zhǒu
pelle (f) à ordures	簸箕	bò ji

meubles (m pl)	家具	jiā jù
table (f)	桌子	zhuō zi
chaise (f)	椅子	yǐ zi
fauteuil (m)	扶手椅	fú shǒu yǐ

miroir (m)	镜子	jìng zi
tapis (m)	地毯	dìtǎn
cheminée (f)	壁炉	bì lú
rideaux (m pl)	窗帘	chuāng lián
lampe (f) de table	台灯	tái dēng
lustre (m)	枝形吊灯	zhī xíng diào dēng

cuisine (f)	厨房	chú fáng
cuisinière (f) à gaz	煤气炉	méi qì lú
cuisinière (f) électrique	电炉	diàn lú
four (m) micro-ondes	微波炉	wēi bō lú

réfrigérateur (m)	冰箱	bīng xiāng
congélateur (m)	冷冻室	lěng dòng shì
lave-vaisselle (m)	洗碗机	xǐ wǎn jī
robinet (m)	水龙头	shuǐ lóng tóu
hachoir (m) à viande	绞肉机	jiǎo ròu jī
centrifugeuse (f)	榨汁机	zhà zhī jī
grille-pain (m)	烤面包机	kǎo miàn bāo jī
batteur (m)	搅拌机	jiǎo bàn jī
machine (f) à café	咖啡机	kāfēi jī
bouilloire (f)	开水壶	kāi shuǐ hú
théière (f)	茶壶	chá hú
téléviseur (m)	电视机	diàn shì jī
magnétoscope (m)	录像机	lù xiàng jī
fer (m) à repasser	熨斗	yùn dǒu
téléphone (m)	电话	diàn huà

www.ingramcontent.com/pod-product-compliance
Lightning Source LLC
Chambersburg PA
CBHW070839050426
42452CB00011B/2343